COUTUMES

DE

GOUDOURVILLE EN AGENAIS

(1278)

Par H.-Émile RÉBOUIS

AVOCAT, ARCHIVISTE-PALÉOGRAPHE

———◆◇◈◇◆———

PARIS

LIBRAIRIE

DU RECUEIL GÉNÉRAL DES LOIS ET DES ARRÊTS

ET DU JOURNAL DU PALAIS

L. LAROSE & FORCEL, ÉDITEURS

22, RUE SOUFFLOT, 22

1892

COUTUMES

DE

GOUDOURVILLE EN AGENAIS

Extrait de la *Nouvelle Revue historique de droit français et étranger*
Janvier-Février 1893.

COUTUMES DE

GOUDOURVILLE EN AGENAIS

(1278)

Par H.-Émile RÉBOUIS

AVOCAT, ARCHIVISTE-PALÉOGRAPHE

PARIS

LIBRAIRIE

DU RECUEIL GÉNÉRAL DES LOIS ET DES ARRÊTS

ET DU JOURNAL DU PALAIS

L. LAROSE & FORCEL, ÉDITEURS

22, RUE SOUFFLOT, 22

1892

IMPRIMERIE
COSTANT-LAGUERRE

BAR-LE-DUC

COUTUMES

DE

GOUDOURVILLE EN AGENAIS.

(1278.)

En publiant les deux chartes de Coutumes de Monclar-Mon-
flanquin et de Saint-Maurin, dans la *Nouvelle Revue historique
de droit français et étranger* (1), nous avons donné la liste des
vingt-trois textes de Coutumes des communes de Lot-et-Ga-
ronne et de l'Agenais qui sont inédits, en espérant qu'il s'en
trouverait encore de nouveaux ; celui de Goudourville est de
ce nombre. Deux de ces vingt-trois Coutumes agenaises, celles
de Nomdieu et de Sauvagnas, ont été publiées depuis, dans
cette même Revue (2). En attendant la publication, durant
l'année 1892, des textes de Villeréal, d'Eymet et de Sainte-
Foy, nous publions aujourd'hui les Coutumes de Goudourville,
du 24 février 1278 ; le document qui les contient est une expé-
dition authentique du 23 janvier 1468, qui a été très gracieu-
sement mise à notre disposition par son propriétaire, M. L.
Couture, doyen de la Faculté libre des Lettres de Toulouse (3).
De plus, une traduction française de la charte de 1278 est
la propriété de M. Maugard, instituteur public à Pommevic
(Tarn-et-Garonne), qui a bien voulu également nous commu-
niquer une copie de ce document. Il lui vient de M. Berdollo
de Goudourville.

(1) N° de mai-juin 1890.
(2) N° de novembre-décembre 1890.
(3) Coutumes de Goudourville. Parchemin de 0,61 de hauteur sur 0,60 de
largeur ; l'écriture occupe 0,51 de hauteur sur 0,49 de largeur. Il y a 91 lignes
de texte et 4 lignes pour la souscription de l'auteur du vidimus.

Ce texte ne pouvait donc rester longtemps inédit, dans l'intérêt du droit historique agenais et de cette antique localité de Goudourville, bâtie sur un coteau de 130 mètres, dominant la Barguelonne et la plaine de la Garonne. Petite commune de 350 habitants, Goudourville fait actuellement partie du canton de Valence d'Agen, arrondissement de Moissac, département de Tarn-et-Garonne.

L'église de Goudourville était du ressort de l'archiprêtré de Ferrussac, diocèse d'Agen (1). Elle fut acquise, avant 1099, sous Urbain II, par l'abbaye de Moissac, en vertu de la donation de Guillaume IV, comte de Toulouse (2). Dans le mouvement communal du XIII⁰ siècle, la faible agglomération d'habitants groupés autour de cette église et du château voulut avoir sa charte de Coutumes. La mise en lumière de ce document se justifie par l'exemple d'arbitrage auquel eurent recours, en 1278, le seigneur de Goudourville, Seguy de Gasques et les habitants.

Les arbitres avaient à se prononcer sur le fait des Coutumes et sur le paiement de dépenses contestées. La rédaction des Coutumes est une des suites de ce curieux arbitrage. Les habitants paient, à une date déterminée, la prochaine fête des Rameaux, 10 livres à Seguy de Gasques, pour l'indemniser des frais que lui a causés l'action portée par eux, contre lui, devant le bailo de Puymirol. Ils le déchargent de toute responsabilité dans l'action dirigée par Pierre de Malrit et Pierre del Sol, contre les habitants.

Enfin, sur la décision des arbitres, Seguy de Gasques concède, en retour, aux habitants, les Coutumes que nous publions.

La sentence arbitrale est, ainsi, acceptée solennellement, par Seguy de Gasques et les habitants, le 21 février 1278.

Pour l'intelligence du document, nous l'avons divisé en 39 articles. Les sommaires numérique et alphabétique placés avant et après le texte provençal, faciliteront les recherches. Il est intéressant d'en comparer les articles avec ceux des

(1) V. Pouillé du diocèse d'Agen, en 1520, publié par M. Jules de Bourrousse de Laffore.
(2) Coll. Doat, vol. 128, f⁰ 250.

Coutumes de Puymirol, de Nomdieu, de Saint-Maurin, etc., et surtout avec les articles des Coutumes de Valence d'Agen, du 28 décembre 1283, l'analogie entre les chartes contemporaines de Goudourville et de Valence étant très grande. On remarquera l'importance attachée aux attributions des consuls touchant l'entretien des rues, des voies publiques, des ponts et des fontaines. En 1468, François de Lustrac confirmant les coutumes de Goudourville, renouvelle tout spécialement aux consuls la concession du droit de réparer et faire réparer les voies publiques, ponts et fontaines et de contraindre les habitants au paiement des dépenses nécessitées par ces travaux.

H.-ÉMILE RÉBOUIS.

Sommaire des Coutumes de Goudourville.

François de Lustrac, pour lui et pour Arnaud de Lustrac, seigneur de Goudourville, assisté de Jean de Poiols, baile de Goudourville, du diocèse et de la sénéchaussée d'Agen, vidime et confirme aux consuls de Goudourville, Guillaume del Fahyt de Saint-Julien, Bernard Merle de Saint-Vincent, Jacob Champés d'Espiémont, les coutumes de Goudourville concédées par Seguy de Gasques, seigneur de Goudourville, et leur renouvelle la faculté de réparer et faire réparer les voies publiques, fontaines, ponts de Goudourville et de contraindre les habitants au paiement des dépenses y afférentes.

Seguy de Gasques, chevalier, seigneur de Goudourville et les habitants de Goudourville s'en remettent à l'arbitrage de Raymond de Saint-Nazaire, chevalier, et de Jean de Giac sur le fait des coutumes et des dépenses survenues en raison dudit contrat. Cet arbitrage se termine par la rédaction des coutumes suivantes confiée à Pierre Tyssendier, notaire public de Castelssagrat.

1. Les habitants de Goudourville paieront, à la fête des Rameaux, dix livres à Seguy de Gasques, en raison des dépenses que lui a occasionnées le procès devant le baile de Grand-Castel (Puymirol).
2. Les habitants déchargent Seguy de Gasques de toute la responsabilité qu'il avait acceptée, quant à l'action intentée par Pierre de Malrit et Pierre del Sol aux autres habitants.
3. Sur la décision des arbitres, Seguy de Gasques concède les franchises et coutumes suivantes aux habitants de Goudourville.
4. Renonciation au droit d'imposer les habitants par quête, taille, gîte et emprunt.
5. De la faculté pour les habitants de disposer librement de leurs biens par vente, don ou aliénation.
6. De la liberté de mariage pour les filles et de la cléricature pour les fils.
7. La liberté des personnes est garantie.
8. Le droit d'être jugé dans la ville pour des faits passés dans la ville est reconnu aux habitants.
9. De l'habitant mort *intestat*.
10. De la validité des testaments.
11. De la preuve judiciaire par le duel ou le combat singulier.
12. De la tenure des immeubles.
13. Des incendies et autres méfaits commis dans Goudourville.
14. Du serment du baile.
15. Du renouvellement des trois consuls à Pâques; ils sont choisis par le seigneur ou son baile de concert avec les prud'hommes de Goudourville; du serment qu'ils prêtent en entrant en charge.
16. Du serment que les consuls reçoivent de la communauté des habitants.
17. Des attributions des consuls.
18. Des coups et blessures.

19. De l'homicide.
20. Des injures.
21. De l'infraction au ban seigneurial.
22. De l'adultère.
23. Des menaces avec l'épée.
24. Du vol de jour ou de nuit.
25. Des vols commis dans les jardins, vignes et champs d'autrui.
26. Des dégâts causés par les animaux d'autrui dans les jardins, vignes et
    prairies.
27. Des faux poids et des fausses mesures.
28. Des droits de justice en matière civile.
29. Du défaut de comparution.
30. Du mode de paiement des droits de justice.
31. Du défaut du demandeur.
32. Des fours.
33. Des bouchers et de leurs redevances.
34. Droit de réquisition pour le seigneur de Goudourville sur les viandes et
    autres comestibles à l'estimation des prud'hommes.
35. De la garde faite aux frais du seigneur.
36. Du droit de pâturage sur les terres du seigneur accordé aux habitants.
37. De la corvée.
38. L'aliénation des immeubles; conditions auxquelles elle est soumise.
39. Des plaintes portées au seigneur ou à son baile.

Confirmation de la concession desdites franchises et coutumes par Seguy
de Gasques; acceptation par lui et par les habitants de la sentence arbi-
trale, le 24 février 1273.

Vidimus de François de Lustrac et de Jean de Pulols, le 23 janvier 1168.

COUTUMES

DE

GOUDOURVILLE

du 24 février 1278,

renouvelées le 23 janvier 1468.

François de Lustrac, pour lui et pour Arnaud de Lustrac, seigneur de Goudourville, assisté de Jean de Poiols, baile de Goudourville, du diocèse et de la sénéchaussée d'Agen, vidime et confirme aux consuls de Goudourville, Guillaume del Fahyt de Saint-Julien, Bernard de Merle de Saint-Vincent, Jacob Champès d'Espiémont, les coutumes de Goudourville concédées par Seguy de Gasques, seigneur de Goudourville, et leur renouvelle la faculté de réparer et faire réparer les voies publiques, fontaines, ponts de Goudourville, et de contraindre les habitants au paiement des dépenses y afférentes.

In nomine Domini, amen. Noverint universi et singuli presentes pariter et futuri, hoc presens publicum instrumentum visuri, lecturi ac etiam audituri, quod in mei notarii publici et testium infrascriptorum presentia, personaliter constituti nobilis vir Franciscus de Lustraco, scutifer, dominus de Mota Dante diocesis et senescallie Agenensis, pro se quatenus infrascripta eum tangunt et tangere possunt seu poterunt quomodolibet nunc aut in futurum, ac vice et nomine nobilis et potentis viri Arnaldi de Lustraco, domini ejusdem loci et de Godorvilla dictarum diocesis et senescallie Agenensis, per quem promisit et juravit ad et supra sancta Dei euvangelia manu sua dextra gratis corporaliter tacta, facere laudari, aprobari omologari, rectifficari et confirmari omnia et singula in presenti publico instrumento contenta, tociens quociens requiretur, ac Johannes de Poiols, bajulus loci et tocius jurisdictionis de Godorvilla et eorum quilibet in solidum quatenus quem-libet ipsorum infrascripta tangunt et tangere possunt et poterunt quomo(do)libet nunc vel in futurum, nominibus quibus supra, non vi compulsi nec in aliquo seducti, ymo gratis,

scienter et sua sponte quibuscunque vel dolo, metu et fraude
restantibus penitus et exclusis melioribus modo, jure, via et
forma quibus potuerunt ut dixerunt, fecerunt, instituerunt,
elegerunt, posuerunt, creaverunt et sollempniter ordinaverunt
in consules et pro consulibus totius loci predicti et jurisdic-
tionis de Godorvilla, videlicet Guillermum del Fahyt, parro-
chie Sancti Juliani, Beraldum Merlo parrochie Sancti Vin-
centii et Jacobum Champes mansi d'Espiamonte, habitatores
honoris et jurisdictionis predicti castri de Godorvilla, ibidem
presentes et omne hujusmodi seu officium predictum consu-
latus in se assumentes, dantes et concedentes dicti nobiles
Franciscus de Lustraco nominibus quibus supra et Johannes
de Poiols, bajulus predictus predictis consulibus ibidem pre-
sentibus stipulantibus sollempniter et recipientibus plenam et
liberam potestatem, facultatem et auctoritatem reparandi seu
reparari faciendi carrerias, vias publicas, fontes et pontes to-
cius terre et jurisdictionis de Godorvilla et habitatores ejus-
dem terre ad hoc compellendi et omnia alia et singula faciendi
et exercendi que lacius declarantur et continentur in quodam
instrumento antiquo consuetudinum condam per nobilem vi-
rum Seguinum de Gasques, dominum dicti castri et jurisdic-
tionis de Godorvilla, dum vivebat, habitatoribus ejusdem cas-
tri et jurisdictionis datarum et concessarum. Cujus quidem
instrumenti tenor de verbo ad verbum sequitur et est talis :

Seguy de Gasques, chevalier, seigneur de Goudourville, et les
habitants de Goudourville, s'en remettent à l'arbitrage de
Raimond de Saint-Nazaire, chevalier, et de Jean de Giac,
sur le fait des coutumes et des dépenses survenues en raison
dudit contrat. Cet arbitrage se termine par la rédaction des
coutumes suivantes confiée à Pierre Tyssendier, notaire pu-
blic de Castelsagrat.

Conoguda causa sia que con Seguis de Gasques, donzel,
senhor del castel de Godorvilla desso bo grat d'una part, en
Peyre de Malarit, en Peyre del Sol, en Arnau de Buffera, en
Guirau Careme, en Guirau de Talhat, en Peyre del Sol, filhs
d'en Guillem del Sol, en Aymeric del Sol et l'autre Peyre del
Sol, filh d'en Guilhem del Sol, en Peyre Johans, en Robbert
Chappe, en Johans Arnaus, en Bernard del Py, en Bernard

d'Audemar, en Sans d'Audemar, en Bernard Dosset, en Peyre
Sola, en Guirau de Peyre-Arnaud, en Peyre de Raus, en
Peyre Bustarelhs, en Peyre de LaborJaria, en Peyre Arnaud
lo Carpentiers, en Guirau del Sol, en Johans del Poch, en
Johans de Morlas, en Domenx Esclopiers, en Guillem Boos,
en Peyre d'Alvernhe, en Jaufres Prosso, en Vincens del Bosc,
en Guirau der Malabraa, habitans del dich castel de Godorvila,
per lor meish et per totz los autres habitans et habitadors
deldich castel de Godorvila et de la honor et del destrech del
meish castel d'autra part, se fosso compromet el senhor Ray-
mon de Senh-Nazari, cavalier, et el senhor Johan de Giac,
prestre, ayci com en arbitres arbitradors et amigables compo-
sidors de totz los contratz que ero entre lasditas partz et avio
estat per razo de costumas que ly dich habitan demandavo
al avandich senhor et per despensas que ero estadas fachas
per razo deldit contrast et de totz los autres demans et ques-
tios que lasditas partz podion far la una a l'autra, ayssi com
apparia en una carta publica facha del compromes per ma de
maistre Peyre Tyssendier, notari public de Castelsagrat. A la
penffi, ly avandich arbitre arbitrador ou amigable composidor
aguts am cosselh en losdit cas et esgardadas et diligemuen en-
tendudas las demandas et las deffensios et las razos de la una
part et de l'autra, dysso et pronunciero lor dich et lor arbitra-
cion et voluntat, en la manera que dessoubz es scrich, las
partz avandichas presens et requerens ladita arbitracion ou
dich et voluntat esser pronunciat per los avandichs arbitres
ou arbitradors ou amigables componedors exceptatz Robbert
Chappe, en Guirau de Peyre-Arnaud, en Vincens des Bosc,
en Johan del Poch, en Peyre Borra ly avandich que non ero
ges aqui present, so es ascaber que dysso et pronunciero ly
avantdich arbitradors, accordadament arbitran, ensemps, per
be de pax et de composicion.

Les habitants de Goudourville paieront, à la fête des Rameaux,
10 livres à Seguy de Gasques, en raison des dépenses que lui
a occasionnées le procès devant le baile de Grand-Castel (Puy-
mirol).

1. — Tot premieramen, que ly habitan avandich et aquilh
et aquelas que en apres habitaran el dich castel de Godorvila

ou en la honor ou el destrech del dich castel, dono et paguo dins la primiera festa de Rampalm que sera, al avandich Segui de Gasques, x liouras de bos arnaudenx, per razo de las despensas quel dich Seguis aura mesas el plach que ly dich habitan avio menat contra lavandich Segui davant lo bayle de Grand Castel et davant lo jutge d'Aganes.

Les habitants déchargent Seguy de Gasques de toute la responsabilité qu'il avait acceptée, quant à l'action intentée par Pierre de Malrit et Pierre del Sol aux autres habitants.

2. — Item, dysso may et pronunciero ly avandich arbitrador arbitran accordadamen aqui meish que ly avandich habitan reconoguo et balho al dich Segui una carta tota soula et quitia que avio deldit Segui de gardar de dampnatge del plach qu'en Peyre de Malrit avandich, en Peyre del Sol avio menat contra los autres habitans sobredichs.

Sur la décision des arbitres, Seguy de Gasques concède les franchises et coutumes suivantes aux habitants de Goudourville.

3. — Item, dysso may ly avandich arbitre arbitrador ensemps accordadament arbitran, per be de pax et de composicion que l'avandich Seguis done et autrege per se meish et per totz sos successors als avandichs habitans et als habitadors que per avan seran el avandich Castel de Godorvila ou el destrech ou en la honor del meish castel, franquetatz et costumas per tos temps en carta publica sagelada del sagel del avandich Segui de Gasques, la tenor de laqual carta sia aytal.

Conosco tuch ly present et ly avenidor que nos Seguis de Gasques, donzels, senhor del castel de Godorvila de l'avesquat d'Aganes als habitans et als habitadors del sobredich castel et del destrech et de la honor del castel avandich et a las habitayritz, yssamen donam et autreiam las franquesas et las costumas dessoubz escrichas, so es ascaber.

Renonciation au droit d'imposer les habitants par quête, taille, gîte et emprunt.

4. — Que per nos ni per nostres successors no sera facha el dich castel ny en la honor deldit castel, questa ny talhada ny albergada ny pendrem d'aqui alcum do, si de bo grat no los volio dar ly habitans.

De la faculté pour les habitants de disposer librement de leurs
biens par vente, don ou aliénation.

5. — Item, que ly habitans del dich castel et de la honor
et aquilh que per avant se habitaran puesco vendre et dar et
alienar totz lors bes mobles els no mobles aquy ques volran,
exceptat que los no mobles no puesco alienar a glieya ny a
persona religiosa ny a cavalier si no ho fayo, salb lo nostre
drech et dels senhors delsquals las causas serio tengudas en
fios.

De la liberté de mariage pour les filles
et de la cléricature pour les fils.

6. — Item, que ly habitan deldit castel et de la honor et
del destrech puesco lors filhas a qui om se volran francamen
maridar et lors filhs far ordenar al ordre de clercia.

La liberté des personnes est garantie.

7. — Item, que nos nil nostre bayles no prendrem alcu
habitan deldit castel ny de la honor, nilh farem forsa nilh
bandirem nilh sasirem sos bes dementre que volha fermar
d'estar a drech, si no ho fayam per homicide ou per mort d'ome
ou per plagua mortal ou per autre crim per que sos corps ou
siey be nos deguesso esser encors.

Le droit d'être jugé dans la ville pour des faits passés
dans la ville est reconnu aux habitants.

8. — Item, que a la clamor ny a la complancha d'autre, lo
nostre bayles no mandara ny citara, si no ho faya pel nostre
propri fach ou complanchas alcun habitan deldich castel foras
la honor deldich castel sobre aquelas causas que seron fachas
el dich castel ou en las apertenensas ou en la honor del dich
castel ny sobre las possessios, ny sobre la honor deldich castel.

De l'habitant mort intestat.

9. — Item, si alcuns habitans deldich castel morin sens
testament et no avia enfans ny apparessio alcun herets quelh
deguesso succedir, lo nostre bayles et ly cossol deldich caste
comandaran los bes del dich deffunct sagelatz et be senhatz a

dos proshomes deldich castel a gardar pel men per ung an et
per ung dia. Et si dins lavandich terme appareyssia heretiers
quelh degues succedir, ly be avandich ly deurion esser redut
entagrament ou si que no ly be moble nos seron baylat et ly
no moble que seron tengut en fios de nos a far la nostra vo-
lontat.

Et ly autre be no moble que dels autres senhors seron ten-
gud, seron baylat als meish senhors a far la lor volontat,
pagat premieramen los deutes et las emendas et las comandas
del deffunct, segont lo us et las costumas del avesquat d'A-
ganes, si ly deude so clar, no sperada la fy de l'an.

De la validité des testaments.

10. — Item, ly testament fach dels habitans deldich castel
en presencia de testimonis dignes de fe valho ja sia so que no
sio fach segon sollempnitat de leys, demeutre que ly enfant
no sio greugat de lor lyal partida, apelat a aysso lo capitel
deldich loc ou autra persona de gleya, si bonament hy pot
esser apelada.

De la preuve judiciaire par le duel ou le combat singulier.

11. — Item, que negus habitans el dich castel, de qualque
crim sia acusatz, per aysso no sia tengutz de purgar se en
batalha, ny de far batalha, ny si refuda far batalha, no sia
per aquo tengutz per vencutz, mas l'appelans, sis vol, proe
lo crim quelh metra encontra per testimonis ou per autras
lyals proansas, segon la forma de drech.

De la tenure des immeubles.

12. — Item, que ly habitan deldich castel puesco crompar
et prendre a ces ou en do de qualque persona que lor ho
volha vendre ou afeuzar ou donar. Et que puesca sas causas
no moblas, exceptat fios francal ou de cavalier que nol puesca
crompar ny recebre, si de nostra volontat ou de nostres suc-
cessors, no lor venia.

Des incendies et autres méfaits commis dans Goudourville.

13. — Item, si arcinas ou autres malefficis rescotz ero fach
el dich castel ou en la honor ou en las apertenensas del dich

castel, sera facha per nos ou per nostre loctenent emenda
sobre aysselas causas segon los bos establimens et segon los
bos usatges aproatz del avesquat d'Aganes.

Du serment du baile.

14. — Item, lo nostre bayles del dich castel sera tengutz
jurar el comensamen de sa baylia davant los pros homes del
dich castel que en son offici fielment se contendra et que drech
redra a cada ung segon son poder et las costumas aproadas
els establimens rasonables del dich castel gardara et obser-
vara.

Du renouvellement des trois consuls à Pâques; ils sont choisis par le seigneur ou son baile de concert avec les prud'hommes de Coudourville; du serment qu'ils prêtent en entrant en charge.

15. — Item, ly cossol del dich castel seron mes en cada an,
e la festa de Pascas: et nos ol nostre bayles devem pausar et
enlegir en aquel dia tres dels habitans del dich castel ab los
proshomes deldit castel, lequals nos cognoyscerem et veyrem
a bona fe qui . . . . . . al comunal proffech deldich castel;
liqual cossol juraron al nostre bayle et al poble del dich
castel que ilh be et fielment gardaran nos et nostras drechu-
ras et governaran fielmen lo poble deldich castel et tendron
a lor poder fielmen cossolat.

Et que no recebron d'alcuna persona alcu servezi per offici
de lor cossolat.

Du serment que les consuls reçoivent de la communauté des habitants.

16. — Alsquals cossols las comunitatz deldit castel jurara
donar alsdits cossols adjutori et cosselh et obedir, salb lo
nostre drech en totas causas et la nostra senhoria et la nostra
honor.

Des attributions des consuls.

17. — Et ly dich cossol auron poder de reparar las carreras
et las vias publicas et las fons els pons et de culhir per sol et
per liura, ab cosselh de nos et de nostre bayle et dels autres

roshomes deldich castel, las messios et las despessas dels
nabitans deldit castel que per reparamen de las avacdichas
causas seron fachas ou per las autras cochas ou negocis ne-
cessaris ou tornatz en proffech comunal deldich castel.

Des coups et blessures.

18. — Item, aquel que autre ferra ou tirara au punh ou
ab palma ou ab pe ab irat coratge sang no entrevinent, si
clamors ne es facha, en sinq sols sia punitz a nos per drechu-
ras, fassa emenda a aquel que la injuria aura suffertada et
aquo sia fach segon razo.

Et si effusios de sang entrevenia eldich batement, en xx
sols sera punitz a nos lo firens per dretchura.

Et si ab glay, ou ab fust ou ab peyra ou ab teula, sang no
entrevenent, si clamors nes facha, lo firens sera punitz a nos
en xx sols per drechura. E si sangs hy entrevenia et clamors
ne era facha, lo firens sera punitz a nos en lx sols per dre-
chura et que fassa emenda segon razo a aquel que aura suffer-
tada la injuria.

De l'homicide.

19. — Item, aquel que ausserra autre et sera trobatz col-
pables de mort anay que sia homicida per jutgamen de nostra
cort sera punitz et ly be de luy seron encors a nos, pagatz
premieramen sos deudes.

Des injures.

20. — Item, aquel que dira a alcu alcuna fulhia ou repropche
ab irat coratge et daqui sera facha clamors, sera punitz pel
nostre bayle en sinq sols a nos per drechura et fassa emenda
a aqui que aura suffertada la injuria.

De l'infraction au ban seigneurial.

21. — Item, aquel que nostre ban ou de nostre bayle fran-
gera olh tolra la penhora per lhuy facha per causa jutgada,
en trenta sols sia punitz a nos per drechura.

De l'adultère.

22. — Item, si adultres ou adultressa seron pres en adulteri,
si daqui es facha clamors ou per homes dignes de fe sobre

aysso so convencut ou en jutgamen ho cofessaron, cada ung
sia punitz a nos per drechura en cent sols ou corro nud la
vila et aysso sia a la causida de lor.

Des menaces avec l'épée.

23. — Item, aquel que glay emout traya contra autre ab
irat coralge en x sols sia punitz a nos per drechura et emende
la injuria a aquel que l'aura suffertada en aquest cas et els
autres dessusditz.

Du vol de jour ou de nuit.

24. — Item, aquel que panara causa valent dos sos ou d'a-
qui en aval de dias ou de nochs, corra la vila ab lo layroneci
al col pendent et sia punitz a nos en sinq sols per drechura
et emende la causa ou reda que aura panada a aquel a quy
aura panat, exceptat lo layroneci dels faichs del qual sia fach
anayci com dessoubz es contengut. Et qui la causa valent outra
sinq sols panara, la premiera vetz sera senhatz, et en LX sols
sera punitz a nos per drechura; et, si era segoatz, sera punitz
per manera deguda per jutgamen de nostra cort. Et si per
layroneci, alcus era pendutz, x liouvra nos seron pagadas
dels bes delhuy per drechura si ly be ho valo, pagatz premie-
ramen sos deudes; et remanen sia als herdters del pendut.

Des vols commis dans les jardins, vignes et champs d'autrui.

25. — Item, aquel que intrara de dias en ort ou en vinha
ou en prat d'autre et en pren fruch ou fe ou palha ou fust va-
len xii diners, ou d'aqui en aval, sens volontat d'aquel de quy
sera, depoish que, una vegada l'an, sera deffendut ou cridat,
da carementran entro a la sant Miquel, en dos sos et demech
sia punitz a nos per drechura. Et si outra xii deners valia la
causa que auria presa, en x sols seria punitz a nos per dre-
chura et emendes lo dampnatge a aquel que l'auria suffertat.

Des dégáts causés par les animaux d'autrui dans les jardins,
vignes et prairies.

26. — Item, si buos ou vaca ou bestia grossa intrava en ort
ou en vinha ou en prat d'autre, pague a nos lo senher de la bes-
tia vi deners; et per porc, si intra, I diner, et per troia I diner,

et per doas ouelhas ou per doas crabas ou per dos bocz, 1 diner
et que emende lo dampnatge d'aquel de quy sera l'ortz ou la
vinha ol pratz.

Des faux poids et des fausses mesures.

27. — Item, aquel que fals pes ou falsa auna ou falsa mey-
sura tendra, dementre que sobre aysso sera lyalmen conven-
cutz, en LX sols sia punitz a nos per drechura.

Des droits de justice en matière civile.

28. — Item, de tota clamor civil aprop la sententia, aurem
sinq sols.

Du défaut de comparution.

29. — Item, aquel que defalhara al dia quelh sera assi-
gnatz davant nos ou davant nostre baylo, en dos sos et de-
mech sera punitz a nos per drechura et a la part adversa que
emende sas leyals despensas.

Du mode de paiement des droits de justice.

30. — Item, lo nostre bayles no deu prendre gatge per cla-
mor entro que aia facha pagar la causa jutgada a aquel que
obtendra so que demandara.

Du défaut du demandeur.

31. — Item, de tota clamor facha de que plachs sia mogutz,
s'il demandayre deffalh en proansas, en sinq sols sera punitz
a nos per drechura et a la part adversa en sas leyals despen-
sas que aura fachas el plach.

Des fours.

32. — Item, aquel ques volra poyra aver forn et tener el
dich castel ou en la honor a coser son pa ou a vendre ou des-
son vest et per razo de fornatge dara nos cada us, ung parelh
de galinas, la vespra de Nadal.

Des bouchers et de leurs redevances.

33. — Item, de buo ou de vaca que sia vendutz el masel,
aurem nos la lengua et de porc los nombles et de troia dos

diners, et de ouelba et de crasto et de craba et de boc un diner.

Droit de réquisition pour le seigneur de Goudourville sur les viandes et autres comestibles, à l'estimation des prud'hommes.

34. — Item, ly habitan del dich castel et de la honor seron tengut a nos vendre viandas a nostres usatges a nostres obs de lors causas vendablas per convenable pretz al arbitre de proshomes, totas vegadas que sian el dich castel ab nostres deniers ou ab fermansa ou ab penhs que sia soutz dins lo mes.

De la garde faite aux frais du seigneur.

35. — Et nos no tendrem mas una garda et aquela tendrem a nostras despessas da carementrant entro a la Sant Miquel, en cada an.

Du droit de pâturage sur les terres du seigneur accordé aux habitants.

36. — Et nos autreiam als habitans que francamen puesco usar de pasturatges a lor bestiar per nostra terra sens dampnatge far a autruy, exceptatz nostres deffes et exceptatz nostres pratz da carementrant en cada an, entro que sio seguat.

De la corvée.

37. — Et per razo de manobra dara nos cada us que tengua hostal, dos jornals d'omes l'an una velz quant nos may los volrem.

Et nos devem lho mandar davant per dos dias.

Et totz homs que aia bestia de carrech, prestar la nos ha dos dias l'an, quant nos may la volrem, ab que nos lho mandem davant per dos dias.

L'aliénation des immeubles; conditions auxquelles elle est soumise.

38. — Item, negus delsdits habitans no posca alienar los bes no mobles que aura el destrech deldich castel sino bo faya a persona que estes eldich castel ou en la honor ou el destrech deldit castel.

Des plaintes portées au seigneur ou à son baile.

39. — Item, totas las clamors que faron ly habitan la us del autre, faron a nos ou a nostre bayle aytant quant los volrem ausir en lor drech; et aquel que fara encontra sera punitz a nos en xx sols, per drechura.

Confirmation de la concession desdites franchises et coutumes par Seguy de Gasques; acceptation par lui et par les habitants de la sentence arbitrale, le 24 février 1278.

Et aquestas franquesas et costumas et totas et cada una las causas dessusdichas en aquesta present carta contengudas, nos Seguis de Gasques, donzels avandichs, per nos et per totz nostres successors, donam et autreiam als habitans et als habitadors deldich castel de Godorvila et en la honor et en las apertenensas deldich castel de Godorvila, et en la honor et en las apertenensas deldich castel et, aytant quant nos podem de drech, las aproam et prometem, per nos et per totz nostres successors. Et juram sobre sanhs Evangelis tener et gardar et complir per los temps, sens tot corrompemen, a nostre poder.

Et en testimoni de las avandichas causas, avem hy pausat nostre sagel, salb enpero en totas causas nostre drech de vendas et d'acaptes et de servicis et de rendas sa en reyre accostumadas. Et salva nostra senhoria et ost segon los usatges et las costumas d'Aganes. Loqual dich et arbitracion ou volontat ou pausamen ly avandich arbitre ou arbitrador comandero en pena de cent liouras d'arnaudenxs, el compromes entre pausada alasdichas partz et pel sagramen que fach avion que gardesso et tenguesso et observesso et que encontra no venguesso, ny venir no fesso, en neguna manera ny en negu temps, loqual dich arbitracion et pausamen, lodich Seguis de Gasques, en P. del Sol, en P. de Malrit, en P. del Sol, filh d'en Guillem del Sol, en Guillem Boos avandich, lausero et aprocro et agro per bo et per agradable.

Aysso fo fach a Godorvila, quintà die exitus febrorarii, anno Domini millesimo cc septuagesimo octavo, regnante domino Philipo rege Francie, vacante sede episcopali Caturcensi (1).

(1) Le siège épiscopal de Cahors fut vacant du 3 septembre 1273 au 10 octobre 1280, de la mort de Barthélemy II à l'avènement de Raymond II.

Testes interfuerunt Bernardus de Genebreda clericus, magister Guillerus clericus, Raymundus de Tauziari clericus, Bernardus de Alberto, Petrus de Valle, Arnaldus de Canziro sic signatus in fine. Et ego Arnaldus Badolii, publicus notarius Castri sacrati qui ad instanciam arbitratorum predictorum hec omnia scripsi et in publicam formam redegi et huic publico instrumento apposui signum meum in testimonium premissorum.

Vidimus de François de Lustrac et de Jean de Poiols, le 23 janvier 1468.

Protestato tamen salvo retento et expresse reservato per dictum nobilem Franciscum de Lustraco et Johannem de Poiols nominibus quibus supra, qued quia in dicto instrumento antiquo consuetudinum expresse consules de Godorvilla singulis annis debere institui seu eligi in die Pasche, quod propter hoc quod consules predicti fuerunt electi et instituti, die hodierna infrascripta. Ipsi nobilis Franciscus de Lustraco et Johannes de Poiols non intendunt derogare predicto instrumento antiquo superius inserto nec illud trahere in futuram consequenciam; ymo hoc fecerunt sine prejudicio dicti instrumenti superius inserti et illi non derogando prout dixerunt. Qui quidem Guillermus del Fahyt, Beraldus Merle et Jacobus Champes, consules, juraverunt ad et supra sancta dei euvangelia suis singulis manibus dextris corporaliter tacta, quod ipsi bene, fideliter et debite custodient predictum dominum de Godorvilla, pro posse suo et ejus heredes et successores et jura sua; et gubernabunt fideliter populum dictorum castri et jurisdictionis de Godorvilla; et quod fideliter tenebunt consulatum et quod ratione eorum officii consulatus ab aliquo non recipient aliquod servicium et alias facient et exterrebunt prout et quemadmodum continetur in dicto instrumento consuetudinum superius inserto.

De quibus premissis omnibus et singulis, predicti nobilis Franciscus de Lustraco bajulus et consules et corum quilibet in solidum, quatenus quemlibet ipsorum langit, nominibus quibus supra petierunt et requisierunt sibi fieri et retineri per me notarium antedictum, infrascriptum instrumentum et instru-

menta unum et plura ac producta in judicio sive non confi-
cienda et refficienda semel et pluries, si necesse fuerit cum
consilio peritorum facti tamen substantia in aliquo non mutata
quod et que sibi et cuilibet ipsi concessi agendum et agenda.

Acta vero fuerunt premissa in quodam podio vulgariter
dicto de Bodi, prope quasdam furtas patibulares noviter ibidem
erectas in honore, jurisdictione dicti castri de Godorvilla, die
vicesima tertia mensis Januarii, anno ab incarnatione Domini
millesimo quadringentesimo sexagesimo octavo, serenissimo
principe et domino nostro, domino Ludovico, Dei gratia Fran-
corum rege regnante. Presentibus ibidem et audientibus,
Guillermo d'Artiguas, Petro d'Artiguas, habitatore dicte cas-
tellanie de Godorvilla, nobili Johanne Ruffayro et Gaufredo
Orlhac habitatoribus loci de Pomerio vico et pluribus aliis
testibus ad premissa vocatis specialiter et rogatis.

Et me Johanne Sapientis clerico, notario auctoritate regia
publico, Lemovicensis diocesis oriundo, qu. predictorum con-
sulum institutioni aliisque premissiis omnibus et singulis dum,
sic ut premittitur, ageremur et fierent una cum prenominatis
testibus presens interfui eaque omnia et singula sic fieri vidi
et audivi. Et de eis hoc presens publicum instrumentum manu
mea propria scriptum dicta auctoritate recepi hic me sub-
scripsi et signo meo publico solito precedenti signavi requisitus
et rogatus. In fidem et testimonium omnium et singulorum
premissorum. Actum et datum ut supra.

TABLE DES MATIÈRES.

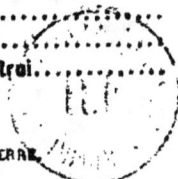

BAR-LE-DUC, IMPRIMERIE CONTANT-LAGUERRE.

www.ingramcontent.com/pod-product-compliance
Lightning Source LLC
Chambersburg PA
CBHW060823280326
41934CB00010B/2768